Geschichten

aus der Reihe
„Perlen unserer Erinnerung"

Winterzeit

Carmen Sabernak (Hrsg.)

Bibliografische Information der Deutschen Nationalbibliothek:

Die Deutsche Nationalbibliothek verzeichnet diese Publikation in der Deutschen Nationalbibliografie; detaillierte bibliografische Daten sind im Internet über dnb.d.nb.de abrufbar.

Impressum

2020© Carmen Sabernak, alle Rechte vorbehalten

Herstellung und Verlag:

BoD - Books on Demand, Norderstedt

Satz und Layout:

Nicole Mewes

Bildnachweise:

© by-studio © sonne fleckl - Fotolia.com

© Werner Erdmann- Titelbild und Zeichnungen

© Nicole Mewes - Privatarchiv (30, 44, 58)

ISBN: 9783752672169

Inhalt

Baum	6
Winterfreuden	7
Weihnachten und der besondere Baum	9
Das alte Spinnrad	15
Das "Nesthäckchen"	19
Denk ich an Weihnachten	21
Es gibt kein schlechtes Wetter – nur ...	23
Was wir sollen – oder nicht	32
Der alte Baum	33
Gedanken	35
Aufmunterungen	37
Sommernachtstraum	39
Was alte Menschen brauchen	40
Winter auf dem Lande	41
Silvester bei Eva	45
Markt und Straßen	52
Die Zeit der kleinen Lichter	53
Weihnachtsidylle	59
Das alte Spinnrad – Liedtext	61

 Vorwort

Carmen Sabernak hatte die Idee, die Erinnerungen unterschiedlicher Menschen zu sammeln.

Erinnerungen, die wertvoll wie Perlen sind. Sie fragte in der Teltower AWO-Gruppe nach und es fanden sich schnell MitstreiterInnen.

Einmal im Monat trafen sie sich, tauschten Erinnerungen aus, lasen aus ihren Geschichten und verbrachten schöne gemeinsame Stunden. So wurde recht schnell der Entschluss gefasst, diese „Perlen unserer Erinnerungen" in kleinen Büchern aufzubewahren.

Die Geschichten sind so unterschiedlich, wie die Menschen, die sie erlebt haben. Einzelne Geschichten wurden zum Teil schon vor einigen Jahren verfasst. Deshalb finden sich teilweise auch noch Texte in der alten Rechtschreibung. Diese wurden absichtlich nicht angepasst, denn es sind Perlen aus der betreffenden Zeit.

Wir wünschen Ihnen ebenso viel Vergnügen beim Lesen, wie wir Freude hatten, das Buch zu gestalten.

Herzliche Grüße
das AutorInnenteam

Baum

Der kleine Baum, recht zart und fein,
der soll gewiss bald meiner sein.
Dem Förster schau ich tief in die Augen,
er soll es mir ja auch erlauben.

Das Plätzchen im Wald, das ist jetzt leer,
dafür erstrahlt der Baum viel mehr.
Am Fenster steht er, fein gemacht,
in Kugel-, Lichter-, Kerzenpracht.

Ellen Wutschik, Oktober 2020

Winterfreuden

Im Winter, wenn der Frost klirrt und wenn es draußen schneit
– beginnt für alle Kinder – die Winterfreuden-Zeit!

Wenn fallen dicke Flocken herab vom Himmelszelt,
dann setzt man einen Schneemann in winterliche Welt!

Drei dicke Kugeln rollen, damit den Körper bau'n,
zwei schwarze Kohlen-Augen, damit der Kerl kann schau'n.

Die rote Möhrennase – keck in die Luft gereckt,
drauf hoffend, dass kein Häschen das Leckerli entdeckt!

Der Mund aus kleinen Steinchen, ein breites Lächeln zeigt,
der Eimer auf dem Kopfe als Hut nach vorn geneigt.

Ein Arm zu beiden Seiten, darin ein Stock zur Wehr –
so soll er uns begleiten – recht lange – wünscht man sehr!

Man rodelt mit dem Schlitten den steilsten Hang hinab,
und eilt geschwind nach oben, im allerschnellsten Trab!

So geht es munter weiter, bis kommt der Mondenschein.
Mit roten Wangen heimwärts, ziehn Bub und Mägdelein.

Und in der warmen Stube – die Mutter wartet schon –
die heiße Suppe dampfet für Töchterlein und Sohn.

Die müden Glieder streben dem Federbette zu.
Nach all den Winterfreuden – da braucht man endlich Ruh'!

Hanneloe Wolf

Weihnachten und der besondere Baum

1948 Weihnachten.

Vorfreude? Nicht bei allen.
Wir, unsere Familie, Oma, Mutter, Vater und drei Kinder, der Jüngste, unser „Kleiner" war 3, unser „Großer" 18 und ich 13 Jahre alt.

1948, 3 Jahre nach dem Ende des 2. Weltkrieges war das Leben nicht einfach. Mangel überall. Der Winter brachte, obwohl er nicht hart war, so einige Schwierigkeiten. Wenig Heizmaterial, Lebensmittel rationiert auf Lebensmittelkarten, Textilien auf Kleiderkarten. Letzteres war natürlich für heranwachsende Kinder besonders schwierig.

Nun stand Weihnachten vor der Tür. Jeder hatte so kleine Heimlichkeiten, um seinen Lieben eine Freude zu machen. Unser Kleiner war schon ganz happy und freute sich auf den Weihnachtsbaum.

Für uns gab es dann aber eine böse Überraschung. Unser Vater wurde einige Tage vor dem Fest ganz gelb und hatte starke Schmerzen. Er musste ins Krankenhaus zur Behandlung seiner Gallenkolik. Heute ist das auch nicht ungefährlich aber damals – unter Nachkriegsbedingungen – oft tödlich.

Die ganzen Kriegsjahre hatte ihn sein Gallenleiden vor dem Heldentod bewahrt und jetzt vor Weihnachten erwischte es ihn. Da betete selbst unsere Oma, die ihren Schwiegersohn eigentlich nicht gerade liebte, für seine Gesundheit.

Zu den großen Sorgen gab es dazu noch eine – im Verhältnis – kleine. Wir hatten ja noch keinen Weihnachtsbaum. Den wollte ja unser Vater besorgen. Unser Kleiner heulte, denn so könne der Weihnachtsmann ja nicht kommen.

Unsere Mutter beauftragte meinen großen Bruder mit der Besorgung. Es zeigte sich, dass er damit überfordert war. Er hatte zwar auf dem Heimweg von seiner Lehrstelle oftmals ein paar Kohlen mitgebracht, aber einen Weihnachtbaum? Fehlanzeige. Was nun? Unser Kleiner musste doch einen Weihnachtsbaum haben. Wer musste nun handeln?

Als ich mich am Tag vor Weihnachten – abends, als es schon dunkel war – anzog, war unsere Mutter entsetzt, sagte aber nur: „Pass auf dich auf". Also Säge gegriffen und ab in den Wald. Der war nicht weit entfernt und hatte uns und unsere Nachbarn schon die letzten Winter mit Brennholz versorgt. Da muss es doch noch irgendwo eine Kiefer geben, die für Brennholz noch zu klein gewesen ist. Leider war ich wohl zu spät dran. Ich fand nur einige kleine Stümpfe. Na ja – andere brauchten ja auch einen Weihnachtsbaum.

Ganz ohne Bäume war der Wald ja auch nicht und so guckte ich in die etwas höheren Äste. Nach längerem Suchen fand ich einen Baum dessen Spitze, von unten betrachtet, ganz gut aussah. Er hatte auch einige kräftige Nebenäste. Die hatten ihn wohl vor der Brennholzbeschaffung bewahrt. Klettern konnte ich trotz meiner Größe ganz gut, also Säge unter die Jacke und hinauf. War nicht ganz einfach. Schnee und Regen hatten die Äste ganz schön rutschig gemacht. Mein Motto war aber schon damals: „Wo ein Wille ist, ist auch ein Weg und geht nicht – gibt es nicht". Oben angekommen hörte ich plötzlich Stimmen.

Nun schickte ich ein Stoßgebet gen Himmel, mit der Bitte, nicht entdeckt zu werden. Ob die auch einen

Baum wollten? Auf jeden Fall liefen Sie hin und her, versuchten es mit Spurensuche, sahen in jedes Gebüsch. Die Frau meinte, dass sie etwas gehört hätte. Sie sahen Gott sei Dank nicht nach oben, denn da klammerte ich mich an den Stamm. Nach einer gefühlten Ewigkeit gaben sie dann die Suche auf und ich konnte hören, wie sie sich entfernten. Obwohl der Winter nicht allzu kalt war, hatte ich kaum noch Gefühl in den Händen und Füßen. Feucht vom Schnee war die Kälte besonders schlimm. Trotzdem wartete ich noch etwas ab, denn vielleicht kamen sie zurück.

Als ich dann ziemlich sicher war, dass die Gefahr der Entdeckung vorbei war, konnte ich dann die Spitze meines Baumes absägen. War nicht einfach. Der Stamm war ja nicht sehr dick und schwankte daher. Meine Säge war auch nicht besonders scharf. Das Absägen ist dann doch gelungen. Die Spitze nun unbeschadet herunter zu bekommen, war auch nicht ganz einfach. Der Transport auch nicht.

Es war zwar dunkel aber ich konnte sehen, dass der Baum recht gut gewachsen war. Aber so die Straße lang? Also fasste ich einen heldenhaften Entschluss. Nass war sie sowieso schon und zog ich die Jacke aus und wickelte meinen Baum damit ein. Nun aber im Sturmschritt nach Hause. Unsere Mutter und auch Oma warteten schon. Es hatte ja länger gedauert als angenommen. Nach meinem Bericht schimpfte meine Mutter über meinen Leichtsinn, aber Oma, die sehr fromm war, sagte, dass ich mir keine Vorwürfe machen sollte. Schließlich habe ich keine böse Absicht gehabt und der liebe Gott hat sogar die Hand schützend über mich gehalten, sonst hätten die Leute mich erwischt oder ich wäre vom Baum gestürzt.

Manchmal glaube ich, dass Oma Recht hatte, denn obwohl ich vom leichten Schnee durchnässt war, meine Hände und Füße vor Kälte völlig gefühllos waren, habe ich nicht mal einen Schnupfen bekommen. Ich glaube aber, dass ich das nicht dem lieben Gott, sondern meiner Mutter zu verdanken hatte. Sie hat mich mit heißem Fußbad und heißem Tee aufgetaut.

Am nächsten Morgen wurde ich dann für meine Mühe entschädigt. Unser Kleiner kam zu mir und berichtete ganz aufgeregt, dass der Weihnachtsmann uns einen Weihnachtsbaum vor das Haus gelegt hat. Meine Mutter war auch versöhnt und meinte na ja – der Zweck heiligt manchmal die Mittel. Aber geklaut ist geklaut und nicht rechtens.

Da der Baum ja vom Weihnachtmann war, habe ich ihn dann gemeinsam mit unserem Kleinen geschmückt. Es wurde ein schöner Heiligabend. Das beste Geschenk aber war, dass mein Vater auf dem Weg der Besserung war und noch in diesem Jahr aus dem Krankenhaus nach Hause kommen könnte. Das freute uns besonders, da er am ersten Januar Geburtstag hatte.

Viele Jahre sind inzwischen vergangen.
Es war damals eine schwere Zeit.
Vielleicht gerade darum war Weihnachten ein Fest der Besinnung und der trauten Familiengemeinsamkeit.
Es waren unvergessliche Feiertage, an die ich noch gerne denke, wenn ich jetzt, Anfang Oktober, schon in den Läden das Angebot von Weihnachtsartikeln und Backwaren sehe. Letzteres ist einfach ein Stimmungskiller.
In den schweren Jahren war aber die Winterweihnachtszeit ein Ausdruck von Hoffnung, Liebe und Besinnlichkeit. Darum wird mir das Weihnachtfest mit dem geklauten Baum immer in Erinnerung bleiben.

Eva-Maria Kluck

Das alte Spinnrad

Wie schon in meiner Geschichte "Schummerstundchen" (Winterperlen 2018) beginnt auch die Geschichte vom alten Spinnrad mit dem Refrain des gleichnamigen Liedes:

Wenn in Großmutters Stübchen ganz leise
surrt das Spinnrad am alten Kamin,
hör' ich manche verklungene Weise
wie im Traum durch die Dämmerung zieh'n.
Und dann erwacht die alte Zeit,
die längst entschwunden,
Kindertage und der ersten Liebe Glück.
Altes Spinnrad, ach bring mir die Stunden
meiner Jugend noch einmal zurück!

Das Lied ist ein Stück Erinnerung an die Kindheit, wenn unsere Mutter dieses Lied und andere stimmungsvolle Weisen an dunklen Wintertagen mit uns sang. Sie besaß auch ein altes Spinnrad, das man heute nur aus manchem Märchen oder dem Museum kennt.

Dieses besondere Gerät war für die Frauen in den

Nachkriegsjahren ein großer Segen. Ohne die aus Schafwolle gestrickten Jacken und Pullover, Mützen und Schals, Handschuhe und Socken – wäre die kalte Jahreszeit kaum zu ertragen gewesen.

Unsere Mutter erlernte die Technik des Spinnens an dem Spinnrad, das ihr eine alte Frau geschenkt hatte. Da sie für vier Kinder zu sorgen hatte, schätzte sie das kleine technische Wunder besonders. Genauso, wie sie bereits mit Hilfe einer kleinen, mit Handkurbel zu bedienenden, Nähmaschine aus abgelegten älteren Kleidungsstücken für uns „neue" Sachen schneiderte.

In meiner Erinnerung erscheinen verschmutzte Schafwollberge, denen der Geruch der Tiere noch anhaftete. Also ab in die große Wanne auf dem Hof zur ersten Grundreinigung, bevor die nun hellere Wolle in kleinen Haufen auf dem gesäuberten Fußboden lag. Das Spinnrad stand bereit und wurde durch ein Fußpedal in Bewegung gesetzt. Das Rad begann sich zu drehen, ein leises surrendes Geräusch erfüllte den Raum. Mit sicherem Griff und viel Gefühl für die Wollfaser entstanden vor unseren Augen aus der Rohwolle lange Wollfäden. Sie liefen durch die Spindel auf eine Spule und wurden nach weiteren Arbeitsgängen schließlich zu dicken Wollknäulen.

An langen Abenden klapperten die Stricknadeln unermüdlich und zauberten für uns die wärmenden Hüllen. Manch empfindliche Haut konnte das kratzende Material kaum ertragen, aber der Frost drang nicht so leicht hindurch. Dank der Sorge und Mühen unserer Mutter durchlebten wir diese Zeit, ohne Schaden zu nehmen.

Vielleicht sollte mancher Zeitgenosse sich mal bewusst werden, wieviel Entbehrungen die Menschen damals auf sich nehmen mussten. Trotz allem haben sie den Lebensmut nicht verloren und tapfer ihr Los gemeistert!

Hannelore Wolf

Das „Nesthäkchen"

Das Baby in der Wiege liegt –
als Jüngstes von vier Kindern.
Ist immer jemand da, der wiegt –
solch' Glück ist kaum zu finden.

Es wird behütet und geliebt,
solange es noch klein,
doch später – wenn es größer ist–
da läßt man's auch mal schrein'n.

Ein Nesthäkchen, das hat es gut –
die Schwestern stets bemüht,
dass ihre Kleine fröhlich ist
und niemand Böses tut.

Der Bruder freut sich, wenn er mal
die Jüngste ärgern kann.
Er lacht sich krumm bei jedem Streich,
den er ihr spielen kann.

Drei Schwestern – Mutter näht für sie
die allerschönsten Sachen,
als Kleinste trägt man manches auf
und kann kaum drüber lachen.

So ist nun mal der Zeiten Lauf,
es war und ist doch schön!
Erinnerung verklärt den Blick –
wie mag man's heute seh'n?!

Hannelore Wolf

Denk ich an Weihnachten

Denk ich an Weihnachten, dann öffnet sich mir mein Herz.

Es ist eigentlich nicht direkt die Weihnachtszeit, sondern die Adventszeit und zwar ganz besonders der 1. Advent.

Früher, als ich noch ein Kind war, war der 1. Advent etwas ganz Besonderes. Da es nicht immer alles gab, sammelten bzw. hoben meine Oma und meine Eltern allerlei Leckeres auf.

Am 1. Advent saßen wir dann, meine Oma, meine Eltern, meine Geschwister und ich, an einer reichhaltig gedeckten Kaffeetafel. Es gab Apfelsinen, Mandarinen, Hasel- und Paranüsse und natürlich auch Pfefferkuchen und Stollen. Für uns Kinder war aber der Süßigkeitenteller das aller-aller Wichtigste, es waren Sachen dabei, die wir im Verlauf des Jahres nicht oder selten hatten.

Wir haben in all den Jahren an dieser Tradition, festgehalten. Heute ist der 1. Advent nicht mehr so aufregend. Erstens ist es das Alter und zweitens muss man nichts mehr aufheben oder sammeln, denn es gibt ja alles das ganze Jahr über. Der Unterschied ist nur die Verpackung oder die Form.

Eine andere Tradition ist aber dazu gekommen. Mindestens 4 Wochen vor dem 1. Advent, backe ich einen Stollen. Wie wird er wohl dieses Jahr sein? Das ist „Alle Jahre wieder" eine neue Überraschung.

Ja, und noch etwas.
Mein Sohn, mittlerweile erwachsen, freut sich auch immer auf den 1. Advent und sagt stets: „Bloß nichts ändern".

Ellen Wutschik, Juni 2020

Es gibt kein schlechtes Wetter - nur ...

Wer kennt ihn nicht – diesen Spruch.

Wir haben ihn ausprobiert. Im Jahr 2004 konnte man an Petrus, unserem Wettergott, zweifeln. Meine Enkelin bekam vom Weihnachtsmann einen Schlitten. Doch leider gab es kaum Schnee. Und wenn, dann so wenig, dass Schlittenfahren nicht die reine Freude war.

Na ja – Anfang 2005 kann es ja noch richtig Winter werden, doch leider war der gesamte Winter zu warm. Also Matschpampe und Regen aber kaum Schnee. Unsere Stimmung sank mit den vorfristigen Frühlingstemperaturen. Um mir eine Freude zu bereiten schenkte mir mein Lebensgefährte zu meinem Geburtstag im März, eine Reise nach Harachow, Tschechien, um dort meinen Geburtstag zu feiern. Wir kannten den Ort, denn wir hatten dort schon wunderschöne Tage verlebt und so sagte ich sofort zu. Es wurde also März, der Frühling stand vor der Tür und wir packten die Koffer. Die dicken Winterpullover

konnten ja entsprechend dem Wetter zu Hause blei-
ben und so hatten wir genügend Platz in den Koffern.
Nun ging's los. Im Bus Erlebnisaustausch, bei wem
und wo die ersten Frühlingsblüher schon die Köpf-
chen aus dem Boden schoben. Doch dann wurde es
immer stiller. Je mehr wir uns dem Reiseziel näher-
ten, wurde klar: Frühling ist erst im April.
Nach der Grenze zu Tschechien waren wir im Winter
angekommen und der Busfahrer überprüfte, ob die
Schneeketten im Bus vorhanden waren.

Es wurde uns klar, dass der Schnee, der bei uns
gefehlt hat, in Tschechien runter gekommen sein
musste. In Harachow angekommen waren wir faszi-
niert und verwundert, wie hoch Schnee liegen kann.
Die Straße zum Hotel, das auf einem Höhenzug liegt,
war geräumt. Die dabei entstehenden Schneeberge
waren so hoch, dass sie unsere Sicht aus dem Bus
etwas einschränkten. Unser Bus kämpfte sich tapfer
durch den Schnee den Berg zum Hotel hinauf.

Als er dann aber doch zu sehr rutschte, mussten wir
die letzten 150 Meter mit unserem Gepäck zum Hotel
laufen. Nach 6 Stunden im Bus sitzen war das keine
vergnügliche Angelegenheit. Eine derartige Schnee-
höhe habe ich noch nie gesehen. Die Verkehrsschil-

der waren total eingeschneit und man konnte nicht erkennen was sie anzeigen sollten. Jedenfalls sind wir trotzdem gut im Hotel "Sclar" und darüber hinaus im Winter angekommen.

Der Hotel-Service, wie immer, gut. War auch irgendwie notwendig, denn Spaziergänge in die Natur waren sehr beschwerlich für uns Urlauber, denn genau wie wir, hatten die meisten Übergangsbekleidung mit. Dazu schneite es immer noch. Einige Spazierwege waren schon freigeschippt und man konnte wenigstens etwas die frische Luft genießen. Es war faszinierend.

Es gab im Umfeld des Hotels einige Sommerhäuser. Keine kleinen Lauben. Sie hatten die Größe von Einfamilienhäusern. Von diesen ragten nur der Dachfirst und der Schornstein aus dem Schnee. So etwas hatten wir noch nie gesehen. Leider war die Anzahl der Wege eingeschränkt, da es ja kein Wohngebiet war.

In den Ort musste man vom Hotel so etwa eine halbe Stunde bergab laufen. Der Weg war und wurde aber nicht gangbar gemacht, denn er war steil und uneben. Also im Winter zu gefährlich. Die Straße, die in den Ort führte war zum Laufen auch nicht zu empfehlen, da glatt und so schmal vom Schnee geräumt, dass die Benutzung gefährlich war.

Die einzige Möglichkeit war ein Bus. Dieser brachte die Sportler und Gäste aus den Hotels, es gab dort noch zwei weitere, zu den Skisprungschanzen in den Ort. Diesen konnten wir auch kostenlos nutzen. Im Ort war es auch einfach einmalig. Es wurde von allen Verkehrsteilnehmern, ob Autofahrer oder Fußgänger die Straße genutzt. Gehwege waren tabu. Auf den Hausdächern lag so viel Schnee, dass die Gefahr verletzt zu werden, wenn dieser eventuell abrutschte, zu groß war. Von den meist zweigeschossigen Hausdächern hatten sich Eiszapfen bis auf den Boden gebildet. Es war alles ein unvergesslicher Anblick.

Dazu kam, dass keiner der Leute dort meckerte oder über die Einschränkungen schimpfte. Es wurde eben Schnee geschippt, auf LKW´s verladen und aus dem Ort gefahren. Vor allem wurden die Dächer geräumt, denn sie waren durch die Schneelast einsturzgefährdet.

An den Sprungschanzen herrschte reger Betrieb. Alle Altersgruppen nutzten den Winter, der nicht nur Schnee sondern auch immer etwas Sonnenschein brachte. Die jüngsten Skiläufer, die die Abfahrts-strecke nutzten, konnten bestimmt gerade mal frei-händig laufen, aber Skifahren ging prima.

Im Hotel gab es dann noch ein Ereignis, das allge-meine Heiterkeit und auch Mitgefühl auslöste. Es war ja gerade die Zeit der Fußballmeisterschaft.

Einige wollten am nächsten Tag mit dem PKW ab-reisen. Da die Autos bis über das Dach eingeschneit waren, entschlossen sich die Herren heldenhaft auf den Fußballabend zu verzichten und die Autos frei-zuschaufeln. Am Morgen dann der Schreck. In der Nacht hatte starker Schneefall eingesetzt und die Autos waren wieder nicht mehr zu sehen. Also noch-mal schippen.

Bei mir lief auch nicht alles glatt. Ich hatte, weil ja fast Frühling war, nur ein paar Stiefel mit. Am Tage ge-tragen, nachts getrocknet, kein Lederfett vorhanden, daher Leder brüchig. Es gab auf und löste sich von der Sohle. So blieb mir nichts anderes übrig als mit Halbschuhen zu laufen. Petrus vermieste uns dann auch noch unseren eigentlichen Anlass des Urlaubs. Es war der erste Geburtstag an dem ich keine Blumen bekam. Es gab einfach keine Möglichkeit welche zu besorgen. Es wurde dann aber auch ohne Rosen ein wunderbarer Tag. In einer kleinen gemütlichen Gaststätte im Ort lernten wir eine völlig neue Variante von Burgern kennen.

Haben sie schon mal Pufferburger gegessen? Wir kannten sie auch nicht. Also ausprobieren. Es waren vier Lagen frisch gebackene Kartoffelpuffer, dazwischen jeweils Fleisch (Hack), Käse und Gemüse. Das Ganze mit Ketschup angerichtet und oben als Deko eine Frischkäserosette auf Tomate. Das Ganze sah nicht nur gut aus – es schmeckte auch super, zumal die Puffer nicht nach Röstiart waren, sondern gerieben wie von Oma. Ein schöner Tanzabend in der Hotelbar war dann der Abschluss des, trotz aller Widrigkeit, gelungenen Geburtstages. Die dazu passenden Schuhe hatte ich ja mit. Es war nichts so geplant, vielleicht aber gerade darum ein besonderer Tag.

Am Tag vor unserer Abreise setzte Tauwetter ein. Das war dann noch schlimmer als der hohe Schnee. Die freien Wege waren nun nicht nur glatter oder voll von aufgewühltem Schnee, sondern auch mit Pfützen und kleinen Rinnsalen durchsetzt. Das machte uns den Abschied aus der wunderschönen Gebirgsgegend leichter.

Ein handgeschnitzter Bergstock, den wir bei einem Spaziergang gekauft hatten, erinnert mich bis heute an diesen, durch die ungewöhnliche Wettersituation einmaligen Urlaub.

Trotz aller aufgetretenen Schwierigkeiten war er einfach wunderbar und unvergesslich.

Eva-Maria Kluck

Was wir sollen – oder nicht

Wir sollen nicht Alkohol trinken und rauchen.
Auch nicht so viel Wasser verbrauchen.

Wir sollten uns mehr bewegen
bei Sonnenschein, Wind und Regen.

Wir sollten uns gesund ernähren
von Obst, Gemüse und auch Beeren.

Wir sollten uns immer vertragen,
nicht nur an besonderen Tagen.

Wir sollten Freunde sein und Gutes tun,
einander helfen, aber auch mal ruh'n.

Wir sollten nicht so viel verschwenden,
sonst wird die Welt ganz schlimm enden.

Gela, 12.09.2020

 Der alte Baum

Hinaus in die Natur ist ein Vergügen –
am frühen Morgen, wenn der Nebel weicht.
Die ersten Vögel jubilieren,
der Sonnenstrahl den Horizont erreicht.

Frische Luft und Gartenträume,
wilde Hecken, hohe Bäume –
Blicke in die Ferne schweifen,
auch was nah' liegt, zu ergreifen.

Eine Weide steht am Wegessaum,
wie ein Riese in der Landschaft anzuschau'n.
Als kleines Bäumchen einst wohl reckte
es die Zweige in die Höh' hinaus.
Die Würzelchen es langsam streckte
im Erdreich in der Tiefe aus.

So wuchs es stetig Jahr um Jahr,
hielt allen Stürmen stand.
Ein Denkmal für die Ewigkeit –
ein Baum, wie man ihn selten fand.

Tiefe Narben in des Stammes Rinde –
Zeugnis einer langen Lebenszeit.
Die Wipfel in der Luft sich wiegen,
sie halten Plätze für die Vogelwelt bereit.

Der Stamm – ein mächtig Ungeheuer aus der Ferne –
man ihn alleine nicht umfassen kann.
Wenn des Abends ihn beleuchten Mond und Sterne,
man in der Dunkelheit ihn sehen kann.

Dir – prächt'ger Baum – ein langes Leben!
Erfreu' am Wege weiter Mensch und Tier.
Dein Anblick zeugt von Kraft und Streben:
halt ewig Stand – das wünschen wir!

Hannelore Wolf

Gedanken

G lück kommt nicht nur so herangeflogen,
sondern auch mit Hilfe der Ellenbogen!

Dein Wollen wachse.
Dein Wissen bleibe beweglich.
Bleibe stets aufrecht
und beuge dich nicht.

Erfreue dich an dem Schönen des Lebens.
Erinnere dich gern an die Jahre der Jugend,
an herrliche Reisen.
Genieße das Alter.
Es ist auch schön, nur anders.
Lerne Demut.

Gela 2020

Aufmunterungen

Bewahre die Sonne aus hellen Tagen,
in dunklen Zeiten, wenn du willst verzagen.
Wenn dir nichts will gelingen,
wo du mußt über deinen Schatten springen.
Alle rufen es im Chor:
„Trage das mit viel Humor!"

In den ersten warmen Tagen,
wenn die Sonne scheint so lind,
wenn die ersten Blumen sprießen
und es weht ganz leicht der Wind,
dann laß die Hoffnung in dein Herz.
Überwind' im Lenz den Schmerz.

Bist du mal schlecht drauf,
laß' nicht dem Ärger freien Lauf.
Zeig dein finsteres Gesicht
deinen Freunden lieber nicht.
So wird sich in den meisten Fällen
durch Freude dein Gesicht erhellen.

Wenn im Winter Flocken fallen,
der Wind um jede Ecke pfeift,
sei trotzdem glücklich, vor allem,
wenn ein guter Blick dich streift.
Wenn du hörst ein Kinderlachen
bei einer tollen Schneeballschlacht,
dann denke auch an den Abend
mit einer Stillen Friedensnacht.

Gela, 29.09.2020

Sommernachtstraum

In einer lauen Sommernacht
hat mir Amor viel Freude gemacht.
Er schoß mir seinen Pfeil,
es ist kein Scherz,
mitten ins Herz.
Es war ungeheuer, ich fing Feuer
und erlebte ein großes Abenteuer.
Du warst schön und gewandt,
gabst mir deine starke Hand.
Wir buchten ein Stück vom Glück,
hin und zurück.
Es war das Paradies auf Erden
und sollte immer besser werden.
Es war eine richtige Romanze.
Musik spielte auf zum Tanze.
Dann ging die Sonne auf, wie ein Ei.
Da war der Sommertraum vorbei!

Gela, September 2020

Was alte Menschen brauchen

Jemanden, der ihnen zuhört, was sie bewegt.
Hilfe bei der Suche nach Antworten,
um Schwierigkeiten zu überwinden.
Hilfe bei der täglichen Bewältigung
ihres Lebens in ihrer eigenen Wohnung.

Winter auf dem Lande

Wenn in den Jahren nach dem Kriege der Winter seinen Einzug ins Land hielt, begann für die Menschen eine harte Zeit.

Zum Heizen der Kachelöfen und um dem Feuer im Herd Nahrung zu geben, fehlte es allerorten an Brennmaterial. So bekamen bedürftige Familien einen Holzsammelschein, je nach Anzahl der Personen im Haushalt bemessen. Damit erlaubte die Behörde das Sammeln von losem, im Wald liegenden Reisig und vom Sturm abgebrochenen Ästen.

So zogen wir warm eingemummelt, mit dem Handwagen zum Sammeln von Feuerholz in den Forst. Der Förster als Aufsichtsperson tauchte manches Mal unversehens auf, um eine Kontrolle durchzuführen. Seine Uniform betonte die Wichtigkeit des angeordneten Auftrages. Das auf unser Wägelchen geschichtete Holz wurde mit prüfenden Blicken begutachtet. Befanden sich mal ein paar Holzkloben von bereits zersägten Bäumen darunter, drückte der Förster wohlwollend schon mal ein Auge zu.

Kehrten wir mit unserer Fracht durchgefroren heim, stapelten wir rasch das mühsam zusammengesuchte Heizmaterial im Schuppen auf. Inzwischen bereitete die Mutter heißen Tee und schmierte Stullen für ihre hungrigen „Waldarbeiter". Wir schlüpften in unsere Puschen – braunkarierte Hausschuhe mit einem Clip-Verschluss – und wärmten die klammen Finger an den warmen Henkeltassen. Wer vor die Tür ging, zog „Holzschlorren" an. Diese Pantoffeln aus einem Holzunterteil hatten ein Oberteil aus Kunstleder zum Hineinschlüpfen.

Unser weiteres Schuhwerk bestand aus Igelitsandalen und Schuhen, ebenfalls aus Igelit, für den Sommer. Dieses Material ist vergleichbar mit Weichplastik. Im Winter trugen wir Igelitstiefel, die vor Kälte und Nässe schützen sollten. Nur die von unserer Mutter gestrickten dicken Socken aus Schafwolle ermöglichten das Tragen der Stiefel, die bei Kälte zu steifen Röhren gefroren. Zur Freude aller Kinder ließ es sich damit aber herrlich auf der Schlitterbahn gleiten und über die zugefrorenen Pfützen rutschen. Die größeren Jungen spielten gern Eishockey, sobald den Teich eine geschlossene Eisfläche bedeckte. Welch' ein Glück, ein paar alte Schlittschuhe zu bekommen. Sie wurden auf ziemlich abgetragene Schnürschuhe genagelt und so blank poliert, bis sie im Sonnenschein funkelten.

Die für das Spiel notwendigen Schläger schnitzte man selbst aus dem Holz alter Bäume.

Der Puck – ein runder Stein – flitzte bei jedem Schlag zur Freude der Spieler über das Eis. Die jüngeren Kinder zogen mit ihren Schlitten zum Hang über die Wiesen. Von hellen Jauchzern begleitet, rodelten sie die Anhöhe hinab bis an den Boden der Senke. Selbst wenn der Schlitten aus der Bahn geriet und samt seiner Last umkippte, ging es unverdrossen weiter bis zum Einbruch der Dunkelheit. Blaue Flecken, kleine Kratzer und Beulen schmälerten keineswegs den Spaß der Kinder – ob groß oder klein – in der kalten Jahreszeit. Dabei vergaß man die Kümmernisse des Alltags auf wunderbare Weise.

Wenn die weißen Flocken in der Luft wirbelten und tanzten, bereitete eine Schneeballschlacht das herrlichste Vergnügen. Fiel reichlich Schnee aus den Wolken auf die Erde herab, waren bald die lustigsten Schneemänner überall vor den Häusern anzuschau'n. Wir baten Frau Holle inständig, ihre Betten noch lange und kräftig zu schütteln. Die winterlichen Vergnügungen wollte jedes Kind so lange wie möglich genießen.

Noch heute denkt man gern und ein wenig wehmutsvoll an diese Zeit zurück!

Hannelore Wolf, 2020

Silvester bei Eva

Es war wohl meine erste Übernachtungsparty und das zu Silvester. Ich, 17 jährig, so wie alle, die Eva eingeladen hatte. Heutzutage gehen die Kinder zu ihren „Übernachtungen" bereits im frühen Kindesalter. Sie sehen, auch das hat sich geändert, wie so Vieles. Meine Eltern müssen es damals erlaubt haben, dass ich zu Fremden in eine andere Stadt fuhr. Nur zwei meiner Freundinnen, Eva und Gisi, waren ihnen bekannt.

Also stieg ich zusammen mit Gisi, die aus Leipzig gekommen war, in Dresden Hauptbahnhof aus. Es war gegen Mittag und Elbflorenz empfing uns mit kaltem Wind und etwas Schneegestöber. Die klapprige Straßenbahn beförderte uns in die Altstadt, von wo aus es noch ein kleiner Fußweg in die Kesselsdorfer Straße war. Die Vorfreude auf „unsere Silvesterparty" beflügelte uns. Eva, zu der wir auf dem Weg waren, hatte alles besorgt und organisiert. Es hatte sie und ihre Mutter sicher viele Mühen und „Beziehungen" gekostet, die nötigen Dinge für unsere, wenn auch im Vergleich zu heute, bescheidene Party zu beschaffen. Wir brauchten „nur" zu kommen.

Eva und ihre Mutter lebten in einer geräumigen Altbauwohnung. Charlotte, wie Eva ihre Mutter liebevoll nannte, hatte ihrer Tochter und auch uns blindlings vertraut. Sie war weg, bei Verwandten, und würde erst am nächsten Tag nach Hause zurückkommen.

Wir waren zu fünft, 3 Mädchen und zwei Jungen. Die Cousins von Eva, Christoph und Steffen wohnten in Dresden. Wir halfen noch etwas beim Herrichten von Salat und Häppchen. Auch an Alkohol war gedacht worden, denn zwei Flaschen Sekt lagerten im Kühlschrank. Ja, in dem Charlottschen Haushalt gab es schon einen Kühlschrank. Außerdem standen noch eine Flasche Rum und eine Flasche „Klarer" in der Küche. Wofür ist „das" denn, fragten wir neugierig. – Überraschung! „Wir machen kurz vor Mitternacht eine Feuerzangenbowle", verriet Steffen. Wie aufregend! Natürlich kannten wir die Feuerzangenbowle aus dem Film mit Heinz Rühmann. Oh, es würde romantisch sein, wenn der Zuckerhut bläulich brennt und langsam schmilzt … in dieser besonderen Nacht. Schnell vergingen die Stunden. Musik hatten wir aus dem Radio.

Auch ein Schallplattenspieler war da mit mehreren „Amiga - Langspielplatten". Das Beste war aber

Steffens Gitarre und seine wunderbare Stimme.

Wir waren fröhlich und guter Dinge.

So gegen 23:30 Uhr meinten die Jungen dann, wir fangen jetzt an! Der Zuckerhut, der Alkohol, eine feste Unterlage, Feuerzeug, dies alles lag bereit. Und zwar auf Charlottes rundem Chippendaletisch mit Korbgeflecht und mit vier geschwungenen Holzbeinen.

Überhaupt hatte die ganze Einrichtung des Wohnzimmers etwas von gediegener Eleganz. Es hingen Gemälde mit dicken Rahmen an den Wänden. Ich erinnere mich an ein Blütenstillleben, über einer Vitrine. Woher Charlotte derartige Kostbarkeiten hatte blieb unklar. Nun ja, es war Silvester.

Wir waren jung und hatten Spaß. Christoph begann den Zuckerhut mit Alkohol zu beträufeln. Es klappte nicht so recht. Doch dann nahmen wir den Rotwein zu Hilfe. Der lief inzwischen über die Zuckerhutunterlage. Plötzlich gab es einen Knall – eine Stichflamme! Der Zuckerhut brach entzwei und die Teile brannten getränkt vom Rotwein, nun auch unter der Glasplatte, auf dem Korbgeflecht des kostbaren Tisches weiter. Panik! Löschen! Nasse Tücher, wischen, pusten und alles ins Waschbecken in der Küche!

Den Tisch retten, Glasplatte abnehmen und das Korbgeflecht trocken tupfen, durch wischen und reiben. Qualm entstand! Bloß keinen Wohnungsbrand!

Wir merkten nicht, dass die Uhr Neujahr anzeigte. Wir hörten auch nicht das Schlagen der Turmuhr einer nahen Kirche. An Anstoßen dachte niemand, zu beschäftigt! Der Schaden an dem guten Tischmobilar war nicht zu übersehen. Und die arme Eva jammerte: "Wie soll ich das Charlotte beibringen"? Wir wollten helfen, alles auf uns nehmen, sie trösten. Nachdem die Gefahr eines großen Brandes gebannt war, versuchten wir das Unheil so gut es ging zu begrenzen. Es gelang uns nur bedingt.

Am Neujahrsmorgen beseitigten wir alle Spuren dieser Party und hinterließen eine pikobello Wohnung mit einem beschädigten, kostbaren Tisch. Fürs Erste legten wir ein geklöppeltes Deckchen auf das Korbgeflecht und darüber die Glasplatte, die Gott sei Dank, heil geblieben war. Der Kalender zeigte den 1. Januar 1964 an und wir fuhren nach Hause. Es gab kein Telefon, kein Handy, keine Mail, WhatsApp oder SMS, dass Eva uns hätte sagen können, wie ihre Mutter reagiert hat.

Sie schrieb uns etwas später, dass Charlotte sehr milde und großherzig gewesen sei. Sie meinte, all die teuren Möbel wären sowieso nicht wirklich ihre gewesen. Beim Einzug wurden sie mit übernommen. Ob sie echt waren – wer weiß? Uns hatten sie schon irgendwie beeindruckt.

Feuerzangenbowle hat mich später immer an diesen Silvesterabend 1963/64 erinnert. Wenn Eva, Gisi und ich uns ein gutes neues Jahr wünschen, fällt oft der Satz:" Weißt du noch ..."?

Margrit Prauß

Markt und Straßen

Markt und Straßen stehn verlassen,
Still erleuchtet jedes Haus,
Sinnend geh' ich durch die Gassen,
Alles sieht so festlich aus.

An den Fenstern haben Frauen
Buntes Spielzeug fromm geschmückt,
Tausend Kindlein stehn und schauen,
Sind so wunderstill beglückt.

Und ich wandre aus den Mauern
Bis hinaus in's freie Feld,
Hehres Glänzen, heil'ges Schauern!
Wie so weit und still die Welt!

Sterne hoch die Kreise schlingen,
Aus des Schneees Einsamkeit
Steigt's wie wunderbares Singen –
O du gnadenreiche Zeit!

Joseph von Eichendorff

Die Zeit der kleinen Lichter

November, das ist ein ziemlich besonderer Monat.

Der Oktober verzaubert uns oft noch mit seinen bunten Blättern, beschert uns noch Obst und Gemüse aus dem Garten, lässt uns in den Himmel schauen, wenn die lustigen Drachen steigen.

Die riesige Schar von Vögeln, die sich versammelt, um in die warmen Länder zu fliegen, wird von immer mehr Menschen nicht nur wahrgenommen, sondern fasziniert beobachtet.

Und dann kommt der November. Die meisten Bäume haben ihre Blätter verloren, matschig liegen sie auf Wegen und Straßen. Manche Leute schauen missmutig in den Tag. Die warmen Jacken werden hervorgeholt und die Regenkleidung kommt öfter zum Einsatz. Die Tage werden noch kürzer und die Frühnebel bleiben uns manchmal sogar den ganzen Tag erhalten.

Manche empfinden diesen Monat als den Traurig-sten im Jahresverlauf. Sie vermissen die bunten, hellen

Tage, die Sonnenstunden, die langen Abende und vielleicht auch die schönen Sommerurlaubstage.

Ja, es ist ein ruhiger Monat. Und ich mag den November. Es wird stiller. Ja, es ist früher dunkel, aber die Abende sind dafür länger. Die Aufgeregtheit der warmen Tage legt sich. Für mich beginnt die Zeit, die ich „Die Zeit der kleinen Lichter" nenne.

Die Gedenktage für die Verstorbenen liegen im November, wie der Volkstrauertag, der Buß-und Bettag und der Totensonntag, der auch Ewigkeitssonntag genannt wird. Die Gräber werden winterlich eingedeckt und man denkt an die Angehörigen, die nicht mehr in der Familienmitte sein können. Auf vielen Gräbern werden Grablichte aufgestellt, so dass es auf den Friedhöfen eine besondere Stimmung in der Dämmerung gibt. Das sind „Ich denke an Dich" - Lichter. So empfinde ich das.

In den Geschäften wird dekoriert und auch in den Räumen und Fenstern der Wohnungen werden erste Vorbereitungen für den 1. Advent getroffen. Denn an diesem Tag kommt wieder mehr Licht in die dunklen Tage.
In meinem Kindheitszuhause wurde immer in der Vor-

weihnachtszeit geschmückt. Überall gab es Tannen-zweige in den Vasen mit Strohsternen oder Kugeln, in den Zwischenräumen der Doppelfenster durf-ten wir Kinder dekorieren. Da wurde mit Watte eine Schneelandschaft gezaubert, Tannenzapfen und Figuren aus dem Puppenhaus fanden im Watteschnee einen Platz. Der Phantasie waren keine Grenzen ge-setzt. Nur diese kleinen Lichterketten wie heute, die hatten wir noch nicht. Wir legten eine Taschenlam-pe dazu und schon war unser Fensterweihnachtsdorf beleuchtet.

Die Adventskerzen wurden natürlich auch angezün-det, aus der Ofenröhre gab es an den Advents-Sonn-tagen leckere Bratäpfel.

Mein Vati liebte Weihnachten. Er war der Chef des Weihnachtsbaumes und er schmückte den Baum im-mer in Rot und Gold. Das war sein Ritual. Und als dann auch noch die elektrische Weihnachtsbaum-beleuchtung Einzug hielt, hatten wir den ganzen Tag und den ganzen Abend die Lichter an. Einen Schwib-bogen stattete er auch gleich aus, so konnte dieser im Fenster stehen, ohne Angst, dass ein Feuer aus-bricht. Und wir sahen unseren Schwibbogen schon von weitem, wenn wir nach Hause kamen.

Diese Vorweihnachtszeit, den Heiligen Abend und die Feiertage werden wir immer in Erinnerung behalten. Kein grelles, lautes Licht, sondern Kerzen, Tischlampe und Stehlampe, das Flimmern im Fernsehen zur Märchenzeit, der Weihnachtsbaum und die beleuchteten Fenster. Es war für mich die Zeit der kleinen Lichter.

Und diese Erinnerungen tragen wir Kinder und die Enkelkinder in den Herzen.
Und auch darum mag ich den November. Er lässt mir Zeit zum Lesen, zum Erinnern und auch mal Zeit zum Nichtstun. Und ich beginne mit dem Aufstellen oder Anbringen der kleinen Lichter. Wenn ich fertig bin, denke ich oft, dass hätte Vati auch gefallen. Und ich weiß, Vati guckt sicher von irgendeiner Wolke mal vorbei und freut sich über die geschmückte Wohnung.

Und ich freue mich wie ein kleines Kind, wenn ich am 1. Adventssonntag die 1. Kerze anzünde. Im kleinen Familienkreis sitzen wir gemütlich beieinander, trinken Kaffee oder Tee und essen Stollen und Lebkuchen. Wunderbar.
Das Lieblingsgedicht von meinem Vati war von Joseph von Eichendorff: „Markt und Straßen". Er trug

es am Heiligen Abend immer vor, leise und behutsam. Jetzt ist es ein neues Ritual, dass ich „sein" Gedicht am Heilig Abend vorlese. Noch immer spreche ich es nicht auswendig. Es soll heil bleiben, ich mag mich nicht versprechen oder verhaspeln. Wenn Vati nicht mehr bei uns sein kann, dann wenigstens doch „sein" Gedicht, leise und behutsam.

In diesem Jahr ist es noch gar nicht absehbar, wie wir Weihnachten in den Familien feiern können.
Covid-19 wirbelt alles noch einmal durcheinander. Abstand halten ist das Gebot der Stunde, um gesund zu bleiben.

Aber in kleinem Kreis ist sicher vieles möglich.

Auch hier gibt sie mir Hoffnung und Zuversicht, die „Zeit der kleinen Lichter".

Carmen Sabernak, 2020

Weihnachtsidylle

Aus Raureif ragt ein Gartenhaus,
das schaut so schmuck, so freundlich aus.

Am blanken Giebel schmiegt sich hold
der Wintersonne Abendgold.

Eiszapfen, Scheiben in rotem Glanz,
die Fenster umrahmt von Waldmooskranz.

Blattgrün, Gelbkrokus, ein rosiger Bube
lächeln aus frühlingswarmer Stube.

Kanarienvogel schmettert so hell;
Kinderlachen und Hundegebell.

Klein Hansemann und Ami spielen
Wolfsjagd, sie balgen sich auf den Dielen.

Die Mutter ging holen den Weihnachtsmann,
der klopft an die Türe brummend an.

Und sieh! Vermummt, ein bärtiger Greis.
Ein Sack voll Nüsse, ein Tannenreis.

„Seid ihr auch artig?" – Stumm nicken die Kleinen
und reichen die Patschhand; eins möchte weinen.

Da prasseln die Nüsse, das gibt ein Haschen!
Der süße Hagel füllt die Taschen – –

Fort ist der Mann. Mit Lampenschein
tritt nun die liebe Mutter herein.

Gejubel: „Der Weihnachtsmann war da!
O, Nüsse hat er gebracht, Mama!"

Den großen Tisch umringt ein Schwatzen,
Schalenknacken, behaglich Schmatzen.

Die Mutter klatscht in die Hände und zieht
die Spieluhr auf: „Nun singt ein Lied!"

„Ihr Kinderlein kommet, o kommet doch all,
zur Krippe her kommet in Bethlehems Stall!"

Fromm tönt's in die frostige Nacht hinaus.
Ein Stern steht selig über dem Haus.

Bruno Wille (1860-1928)

Das alte Spinnrad - Liedtext

Es steht ein uraltes Spinnrad
traumverloren am Kamin.
Dort sitz ich des Abends beim Dämmerschein,
wenn dunkle Wolken ziehn.
Und träume mit stillem Verlangen,
von Tagen, längst schon vergangen.

Refrain:
Wenn in Großmutters Stübchen ganz leise
surrt das Spinnrad am alten Kamin,
hör ich manche verklungene Weise,
wie im Traum durch die Dämmerung ziehn.
Und dann erwacht die alte Zeit,
die längst entschwunden,
Kindertage und der ersten Liebe Glück,
altes Spinnrad, ach bring mir die Stunden
meiner Jugend noch einmal zurück.

Das Spinnrad weiß noch die Tage
und denkt so wie ich daran,
wie Großmütterlein ihre Märchen spann,
die sie für uns ersann.
Ihr Jugendtage, ihr lieben,
wo seid ihr heute geblieben.

Refrain:
Wenn in Großmutters Stübchen ganz leise
surrt das Spinnrad am alten Kamin,
hör ich manche verklungene Weise,
wie im Traum durch die Dämmerung ziehn.
Und dann erwacht die alte Zeit,
die längst entschwunden,
Kindertage und der ersten Liebe Glück,
altes Spinnrad, ach bring mir die Stunden
meiner Jugend noch einmal zurück.

Herbert Ernst Groh
(1906 - 1982)

Die Autoren:

GELA (Jahrgang 1943)
Hobbies: Theatergruppe, Wandern

Eva-Maria Kluck (Jahrgang 1935)
Geboren in Berlin, von 1936 bis 1997 in Kleinmachnow gelebt, danach in Stahnsdorf.

Berufe: Maßschneiderin und Wirtschaftskauffrau Sie war als Angestellte im Rat der Gemeinde Kleinmachnow, in der Landwirtschaftsbank in Potsdam und von 1975 bis 2000 im Gesundheitswesen (Geschäftsleitung, ab 1997 Leiterin des Seniorenbüros AVUS) in Teltow tätig.

Hobbys: Aus dem Leben schreiben: Anekdoten, bissige Leserbriefe, Glossen und Familiengeschichte, ehrenamtliche Tätigkeit in Selbsthilfegruppen.

Margrit Prauß (1947)
ist in Sachsen geboren und aufgewachsen.

Beruf: Krankenschwester, Ausbildung med. Fachschule Hubertusburg Wermsdorf.

Seit 1969 wohnt sie in Teltow, hat 2 Töchter und 4 zauberhafte Enkelkinder. Sie liebte immer schon „Deutsch" in der Schule, schrieb gerne Aufsätze, später Briefe. Gedanken, Erinnerungen und Erfahrungen aus ihrem Leben zu formulieren macht ihr viel Freude und sie gibt diese gern weiter.

Hannelore Wolf (Jahrgang 1944)
geboren in Westpreußen, nach der Flucht aus Danzig in Mecklenburg aufgewachsen, Ausbildung zur Kindergärtnerin im Schweriner Schloß. Umzug 1963 nach Leipzig, Heirat und Umzug 1967 nach Teltow.

Tätig als Kindergärtnerin, Wechsel in die GRW-Bibliothek, nach der Wende als Sachbearbeiterin im Sozialamt Teltow, seit 2009 Rentnerin.
Sie ist verheiratet, hat 3 Kinder und 4 Enkelkinder.

Hobbys: Singen im Chor, Mitglied einer Sportgruppe, Reisen und Tanzen, Verfassen von Versen zu bestimmten Anlässen sowie spontanes Schreiben kleiner Gedichte!

Werner Erdmann (Jahrgang1942)
Geboren im heutigen Polen, aufgewachsen in Mecklenburg.

Dort in der Landwirtschaft gearbeitet, dann nach NVA-Dienstzeit der Umzug nach Teltow. In Teltow hat er seit 1965 als Einrichter im VEB Elektronische Bauelemente gearbeitet. 1988 ein zeitweiliger Aufenthalt auf Kuba, um dort den Aufbau einer automatischen Straße für Schichtwiderstände zu unterstützen. Seit 1990 bis zum Rentenbeginn tätig bei Siemens Berlin. Er ist seit 1966 verheiratet mit seiner Frau Ilse, gemeinsam haben sie einen Sohn.

Hobbys: Besonderes Interesse gilt dem Garten in Teltow, der schon seit über 50 Jahren gemeinsam bewirtschaftet wird. Eigenes Obst und Gemüse schmeckt noch immer am besten.
Weiterhin liebt er Bastel- und Reparaturarbeiten. Zu Weihnachten und Ostern zaubert er wunderschöne Deko-Elemente für die Familie und zum Verschenken. Seit 2010 hat er die Malerei für sich entdeckt, so entstanden viele Bilder in Öl-, Acryl- und Aquarelltechnik. Die eigenen Werke waren schon in kleinen Ausstellungen zu sehen. In diesem Buch ist eine Auswahl enthalten.

Ellen Wutschik (Jahrgang 1964)
Geboren in Potsdam-Babelsberg

Carmen Sabernak (Jahrgang 1958)
Schreibt am liebsten mit Blick auf das Meer oder auf ihrer Rosenbank im Familiengarten.

Bisher erschienen

Aus der Reihe „Perlen unserer Erinnerung" sind bereits (im BoD Verlag zum Preis von 5,00 Euro) erschienen:

„Hannas Weihnachtsengel" erschienen 2013
ISBN: 9783732280414

„Begegnungen im Leben" erschienen 2013
ISBN: 9783732280889

„Verlust und Wiederfinden" erschienen 2015
ISBN: 9783734745812

„Elli" erschienen 2015
ISBN: 9783734769276

„Mein Berlin - Mitten mang und Dichte bei" erschienen 2015
ISBN: 9783738613599

„Am Wege blüht Vergissmeinnicht" erschienen 2015
ISBN: 9783738629262

„Singen und Wandern - das ist unser Leben" erschienen 2015
ISBN: 9783738659931

„Jahreswende - von Anfang bis Ende" erschienen 2016
ISBN: 9783741276798

„Sehnsucht, Glück und Bäume" erschienen 2017
ISBN: 9783848257195

„Täuscht der schöne Schein?" erschienen 2018
ISBN: 9783748111948

„Winterperlen" erschienen 2018
ISBN: 9783748101093

„Sommer-Zeit-Reise"
erschienen 2019 im BoD Verlag

ISBN: 9783748146964
Preis: 5,00 Euro

„Geflüster bei Kerzenshein"
erschienen 2019 im BoD Verlag

ISBN: 9783750401877
Preis: 3,99 Euro

„Meine Heimat Kleinmachnow"
erschienen 2020 im BoD Verlag

ISBN: 9783751930772
Preis: 6,80 Euro

„Meine - Deine - unsere Schulzeit"
erschienen 2020 im BoD Verlag

ISBN: 9783751950497
Preis: 5,00 Euro